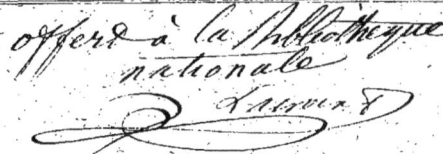

VIE

DE

MAURICE BRESSIEU

PAR

Salomon de Merez

VALENCE
IMPRIMERIE DE CHENEVIER & PESSIEUX
—
M.DCCC.LXXX

VIE

DE

MAURICE BRESSIEU

PAR

SALOMON DE MEREZ

VALENCE
IMPRIMERIE DE CHENEVIER & PESSIEUX
—
M.DCCC.LXXX

MAURICE BRESSIEU *(BRESSIUS)*

Par Salomon DE MEREZ

I. — *Documents inédits.*

Si l'on a cru longtemps à la perte totale des documents indispensables à l'histoire des familles, des communes et des institutions du passé, la publication des inventaires des archives publiques et même privées ne tardera pas, sans doute, à dissiper cette erreur. Voici encore un fait à l'appui de notre thèse.

Une heureuse chance ayant fait passer des mains de M. de Reynaud entre celles de M. Amédée de Bouffier, collectionneur zélé, dont la bienveillance égale l'érudition, un certain nombre d'ouvrages et quelques manuscrits de Valbonnais, il a examiné attentivement ces derniers et a reconnu l'écriture de Chorier à la table de quatre d'entre eux, intitulés : *Collectionis miscellaneorum manuscriptorum*, t. xii, xx, xxi, xxvi.

Une autre preuve en faveur de leur provenance se tire d'un mémoire historique adressé par l'abbé de Brianville à l'historien dauphinois, alors avocat au parlement et à la cour des aides de Vienne.

Ces quatre manuscrits in-4°, cartonnés économiquement, renferment des pièces originales et des copies d'écritures différentes, qu'il sera certainement agréable aux lecteurs du *Bulletin* de connaître sommairement et quelquefois *in extenso*, comme nous le faisons aujourd'hui pour Maurice Bressieu.

Le N.º XII a 63 pièces relatives à Vienne ;

Le N.º XX contient l'énumération des titres des maisons de Bourbon, de Roussillon, de Beaujeu et de Villars ;

Le N.º XXVI, intitulé : Inventaire des registres et parchemins qui se trouvent dans les archives du grand bureau de la chambre des comptes, a été publié en entier par M. l'abbé Chevalier ;

Quant au N.º XXI, actuellement sous nos yeux, nous donnons un titre plus exact que celui de Chorier des pièces qu'il renferme :

1. Notes et lettres pour la vie de François, comte de Suze.

2. Biographie d'Artus Prunier de Saint-André, par M. le président de Beauchêne. (Communiquée à M. Alfred Vellot pour son travail sur ce personnage.)

3, 4, 5. Deux notices sur Expilly, paraissant avoir été copiées par Boniel Catillon, puisqu'elles sont datées de 1633 et années suivantes.

6. Biographie de Maurice Bressieu par de Merez.

7, 8, 9, 10. Quatre pièces relatives à la citadelle de Romans et à M. de Sibeud.

11. Lettres de maintenue de noblesse et de légitimation d'Humbert de Lugny, d'août 1602.

12, 13. Notes pour l'histoire de Jérôme de Disimieu, gouverneur de Vienne.

14. Mémoire sur Oronce Finé par l'abbé de Brianville.

15. Liste d'ouvrages publiés par *Buteo* (Borrel) et par Jérôme de Monteux (appelé à tort Montagne).

16. Brièves notes sur Laurent Galland, Mathieu Fillon et Pierre Boissat.

17. Brièves notes sur Amat, Catelan et Beraud, partisans.

18, 19. Notes sur l'université de Valence et ses professeurs.

20, 21. Notes sur les procureurs, avocats généraux et présidents du conseil delphinal et du parlement.

22. Cérémonies du baptême de Charles-Henri de Clermont ; tournoi à Nogent en 1574.

23. Contrebarricade d'un père et religieux capucin pour Mgr le duc de Nemours aux insultes et calomnies de ses adversaires, par Louis Pellisson, avocat de Vienne (autographe).

24. Relation des affaires de France par le P. Panigarole, en italien : siège de Paris ; maux à prévoir ; remèdes ; sentiments des Français, etc.

25. Discorso del duca de Firenze.

26. Harangue au colonel d'Ornano par Merlin de Villers, 1er consul de Grenoble, 1592.

27. Défense du port d'armes par Maugiron, 22 octobre 1578.

28. Requête des habitants de La Tour-du-Pin au duc de Nemours (1562).

29. Torchefelon envoyé par Maugiron pour commander leur ville (1562).

30. Placet au roi pour les appointements de M. d'Ourches sur le péage de Montélimar.

31. Procédures devant Louis de Poysieu, dit Capdorat, bailli du Viennois, pour Benoîte de Saussac, abbesse de Saint-André-le-Haut de Vienne, et l'abbé de Saint-Pierre (1397).

32. Notes sur la paie d'une compagnie de gendarmes.

33. Notes sur la paie du régiment de Livarrot, à 8 compagnies.

34. Notes sur Gabriel Gay, pendu par ordre de La Motte-Gondrin.

35. Délibération du conseil du roi établi à Grenoble, du 26 mars 1585.

36. Lettre de M. de Revol à Morard (1579).

37. Délibération du conseil du roi tenu à Grenoble le 29 septembre 1580.

38. Entretien par la province des 20 gardes à cheval de Maugiron.

39. Ordonnance sur les blés.

40. Don de grains à Maugiron (1581).

41. Lettre autographe de Cl. Lagrange à Morard (1580).

42. Lettre de Ch. de Lorraine à Maugiron (1582).

43. Lettre du roi aux commis du pays (1582).

44. Lettre de M. Revol à Morard (1579).

45. Lettre du duc de Nevers à Maugiron (1581).

46, 47. Sommes accordées par les États à Maugiron (1587).

48. Lettre de Reboulet sur Balagny (1661).

49. Avis au roi Henri III, venant de Pologne.

50. Supplique à Jean de Montluc par un Polonais (1574).

51. Lettre de Lambert sur un voyage de Montluc en Languedoc (1578).

52. Lettre de Chastillon à l'évêque de Valence (30 juin 1578).

53. Lettre de l'évêque, en réponse.

54. Lettre du premier président de Toulouse à Damville (copie).

55. Traité de paix entre la reine-mère et le roi de Navarre (4 décembre 1578).

56. Lettre du roi au 1er président de Toulouse (1578).

57. Lettre à M. de Chastillon, gouverneur de Montpellier (copie).

58. Lettre de Maugiron à son fils.

59. Relation d'une entreprise des Bourguignons sur le fort de La Buisse.

60. Relation de la mort de La Motte-Gondrin, en 1562.

61. Relation des événements de 1562 par Collisieux, huissier des États de la province, publiée par M. Pilot dans l'*Annuaire statistique de la cour royale de Grenoble pour 1842* (2 copies, 1 du temps).

62. Commission de des Adrets aux châtelain et consuls de La Tour-du-Pin (1562).

63. Brève analyse des lettres adressées à Lesdiguières par le roi de Navarre, par les seigneurs et capitaines protestants, par les catholiques de la province, et des lettres venues du dehors depuis le mois d'avril 1585 jusqu'à la fin de 1588.

Cette énumération suffit à elle seule pour indiquer le mérite des documents recueillis par Chorier, acquis plus tard par Valbonnais et aujourd'hui conservés avec soin par M. Amédée de Bouffier.

II. — *L'Auteur.*

Il y avait dans le vieux village de Crussol, depuis longtemps en ruines, une famille noble appelée Merez, et un château de ce nom existe même encore sur le versant ouest de la montagne.

Une branche de Merez alla s'établir à Nîmes au commencement du XVIe siècle et l'autre à Valence. La noblesse des Merez de Nîmes fut reconnue par l'intendant de Languedoc vers 1701, et une enquête authentique de 1640 fait descendre les Merez de Valence de la famille noble qui possédait au fort de Crussol une maison et des titres, livrés aux flammes en 1573 ou 1574, pendant les troubles.

Bertrand avait épousé Justine Joubert, fille de Jean, bailli de Valence, et sœur de Laurent, l'illustre médecin.

Salomon I, issu de ce mariage, fit partie du présidial de Valence, se convertit à la foi catholique et fit connaître les motifs de son abjuration dans un *manifeste* imprimé. Il mourut vers 1645, laissant Salomon II de Jeanne de Serres, fille de l'historien et nièce de l'agronome.

Marié en 1643 avec Antoinette Prompsal, de Romans, et en 1660 avec Jeanne des Isles, Salomon II eut du premier lit Jean-Salomon, établi à Valence, et du second, trois fils, dont deux furent auditeurs en la chambre des comptes.

Joseph, l'un d'eux, laissa de Marianne de Chambaud de Bavas une fille, Marie, qui épousa en 1728 Joseph-Gabriel De Cordes ou de Cordoüe, lieutenant au régiment de Vitry.

Salomon II, auteur de la notice qui va suivre, fut reçu docteur le 30 avril 1635, avocat consistorial au parlement de Grenoble peu après et conseiller au présidial le 15 novembre 1638. Il obtint du roi Louis XIV des lettres de réhabilitation de noblesse le 17 avril 1657 et les provisions d'une charge d'auditeur en la chambre des comptes de Dauphiné en 1660.

Ses relations avec Chorier sont connues et il communiqua à cet auteur des mémoires, aujourd'hui perdus, sur les guerres du XVIe siècle, ainsi que la notice biographique suivante, retrouvée dans les recueils de M. Amédée de Bouffier.

Nous lui attribuerons également une notice imprimée sur sa famille.

III. — *Maurice Bressieu.*

Le 29 janvier 1539, honorable Guigues Bressieu, natif d'Alevet (Alivet) et demeurant à Saint-Jean-de-Chépy, près Tullins, fait appeler devant noble Antoine Blachein, lieutenant de noble Marin de Montchenu, bailli de Saint-Marcellin, François Bressieu, son frère, Chapel, Trelhard et Malet, ses alliés ou voisins, pour, en leur présence, attendu sa vieillesse, faire donation de tous ses biens à Pierre Bressieu, son fils, docteur en droit civil et canonique et avocat consistorial au parlement de Grenoble, dont il loue les vertus et le savoir, après études faites à Bourges, Valence, Toulouse et Cahors.

Guigues vivait encore le 28 février 1544, lorsque Pierre, son fils, demeurant à Grenoble, promit à Clauda Paviotte, fille de feu Antoine Paviot, dit Berjac, de Romans, de l'épouser « en face de saincte mere Eglise ». Celle-ci se constitua en dot tous les biens de son père et de Catherine Chaste, sa mère. L'acte fut fait à Grenoble, dans la maison de Jean Gauchier, auditeur des comptes, en présence de nobles François Faisan, Claude Paschal, Guy Vache et François Mistral, conseillers au parlement; Claude Rabot, auditeur aux comptes; Jean Remis, Pierre Nicolay, Alexandre Audeyer et Jean Fornet, avocats consistoriaux; Antoine Audeyer, écuyer, et Jean Lagrange, procureur [1].

D'après Salomon de Merez, Pierre et sa femme embrassèrent la Réforme et se réfugièrent à Genève.

---

(1) Archives de M. le comte de La Sizeranne.

Maurice, leur fils, disputa à Jean Stadius, savant mathématicien flamand, en 1575, la chaire de mathématiques fondée par Ramus au Collège de France et l'emporta. Il fut vivement attaqué par des envieux et ne répondit pas. L'année suivante, il suivait les leçons de Cujas et se lia avec le poète Ronsard et le président de Thou. Ce dernier, sur la fin de l'an 1584, le prit dans sa maison pour étudier avec lui les éléments d'Euclide. Bressieu y resta deux ans et obtint en 1586 l'emploi d'orateur des rois de France à Rome, vacant par le décès d'Antoine Muret. Il partit la même année avec François de Luxembourg, duc de Piney, et prononça devant Sixte-Quint un discours en latin, imprimé à Paris en 1586 [1].

Il en fit un autre devant le pape Clément VIII, lorsque le même François de Luxembourg, duc de Piney, prêta obédience à ce pontife au nom du roi Henri IV *(pro Errico IIII)*, imprimé à Rome en 1597 [2].

Ces détails ne se trouvant pas dans la biographie écrite par de Merez, il a paru utile de les consigner ici.

Quant à Jacques des Isles, seigneur de Montalembert en Bretagne, son héritier, il descendait de Jean, frère de Guillaume, qui garda la terre de La Bouvais.

Jean fut père de Pierre et celui-ci de Jacques, maintenu noble en 1636. Jacques épousa Jeanne Belleton, nièce de Maurice Bressieu, et eut d'elle quatre filles :

Félicienne, mariée avec noble Rolland de Beaumont, seigneur de Saint-Quentin ; *Catherine*, femme de Louis de Calignon, seigneur de Chamoussières ; *Jeanne*, unie à Salomon de Merez ; *Françoise*, femme de Jean de Vachon de Piévenou.

Jacques des Isles hérita aussi de Sarah Bressieu.

Cela dit, nous laissons la parole à Salomon de Merez.

A. LACROIX.

---

(1) *Biographie du Dauphiné*, au mot *Bressieu*.

(2) Archives de la Drôme : Brochures dauphinoises.

IV. — *Vie de Maurice Bressius par Salomon de Meres* [1].

Maurice Bressieu nasquit à S¹ Jan Chépie, petitte paroisse fort antienne au mandement de Tulins en Dauphiné, environ l'an 1546 ou 1547, de parans nobles; son père s'appelloit Pierre et sa mère Claude Paviot. Son père fut advocat consistorial au Parlement de Daulphiné, juge de plusieurs terres, mesme de la ville de Grenoble; sa mère estoit damoyselle de race, faisans tous deux profession de la Religion prétendue Réformée avec leur familhe. Pour ce subject, Pierre Bressieu, son père, se retira à Genève, dans les guerres civiles, avec trois enfans masles, sçavoir Moyse despuis appellé Maurice, Israel et Josué et quatre filles, Sara, Marthe, Ester et Suzanne, où il mourut.

Après son décès Claude Paviot, sa vefve, se retira dans sa maison de S¹ Jan de Chepie et abjurat la Religion.

Moyse, qui avoit commencé ses estudes à Genève, les continua à Grenoble jusques environ l'aage de 15 ans; il proffita, entre autres sciences, aux langues grecque et latine et, parce qu'elles fleurissoient à Paris, il voulut aller à la source. Sa mère, n'ayant pas moyen de l'eslever, ne voulut ou ne put luy donner que 50 escus et une chaisne d'or de mesme valeur, avec laquelle somme il se randit à pied à Paris, où il vivotoit très sobrement et proffita si bien qu'environ l'aage de 20 ans il enseigna publicquement

---

(1) Tiré des manuscrits de Chorier, N.º 6 du registre XXI. Nous avons respecté l'orthographe de l'auteur et mis seulement des apostrophes et des accents, pour la facilité de la lecture, le manuscrit n'en ayant point, selon l'usage du temps.

l'éloquance grecque et latine à un concours extraordinaire d'escholiers, desquels il receut abondamment de biens pour sa subsistance. Il se randit très sçavant aux mathématiques soubs M. Ramus, grand professeur. Ledit Ramus, par son testament, fonde une chaire de mathématiques, charge son hoirie d'une pention perpetuelle pour le professeur et veùt qu'il soit recogneu le plus docte de ceux qui se présenteront; que la dispute en soit faitte devant grand nombre de juges de touttes conditions, qu'il limite; de plus, que le docteur souffre la dispute de 3 en 3 ans; le testament est gravé dans la muraillie de la sale d'auditoire du collége de Cambray.

La chaire fut proposée; il y eut concours extraordinaire des plus grands hommes de touttes nations; Maurice, escholier de Ramus, se présenta et ravit tellement les esprits que la chaire luy fut adjugée comme au plus digne d'une infinité de competiteurs, et, de 33 juges, il eut le suffrage de trente.

Les trois ans expirés, la chaire fut de rechef exposée à la dispute; il y eut grande affluance d'aspirans, grande brigue et une jalousie extrême des nepveux et héritiers de Ramus, sçavans aux mathématiques, qui prétandoient la préférance; mais l'éminant sçavoir de Bressieu triompha de touttes considérations. De mesme, trois ans après, M...... proffesseur auxdites sciances estant déceddé, sur l'advis donné à Henry III de son décès, il réserva la chaire à ce jeusne homme, qui avoit si dignement emporté celle de Ramus, et ayant fait appeler Bressieu il la lui donna avec éloge.

Les nepveux de Ramus l'ayant tiré en instance pour opter, il soustint qu'il les pouvoit exercer touttes deux en diverses heures; le procès porté en audiance, il demandat permission de playder sa cause, n'ayant pas trouvé d'habille advocat qui s'en fut voulu charger, parce que les nepveux de Ramus estoient parans du premier présidant, l'action attira des conseillers de touttes les chambres ; il traitta sa cause avec tant de raisonnement et d'éloquance que le premier président, ayant cogneu, à la contenance des juges, que leurs suffrages luy seroient favorables, il éludat l'audiance, en faisant appeler une autre cause. Alors, le doyen des conseillers se levant reculit les voix, puis enjoignit au premier président, de la part de la cour, de les reculir, lequel ayant respondu qu'il ne le pouvoit, pour estre parant des Ramus, sur sa déclaration, la cour ordonna aux parties d'en revenir du lendemain, en l'absance du sieur premier président, et par l'arrest qui fut randu, l'une et l'autre charge furent adjugées à Bressieu.

Le terme d'autres trois années estant expiré, il se conserva encor pour une 4ᵉ fois la chaire de Ramus, en intantion de la quitter, tant il estimoit difficile de se voir exposé si souvant au hazard d'une disputte et à la discrétion de juges.

Son dessein réussit plus heureusement. Sixte V fut fait pape [1] ; le roy luy envoya le duc de Luxembourg pour son ambassadeur et voulut que Bressieu fût l'orateur de l'obediance, avec dispanse de ses lectures, et fût payé de ses mesmes appointemens, durant 15 ans, sans les avoir faict.

Estant arrivé à Rome, il gaigna les bonnes graces du pape et de toutte la cour, et sa harangue fut si bien receue que le pape creut ne luy pouvoir sur le champ mieux tesmoigner son affaire qu'en luy jettant une chaisne d'or où pandoit son effigie en une medaillie, laquelle il défit de son col, et lorsqu'il luy alla baiser la pantofle, il luy bailha sa bénédiction, ce qui arriva environ 1592 [2]. M. de Boissieu,

---

(1) Sixte V (Félix Peretti), né en 1521, fut élu le 24 avril 1585 et couronné le 1ᵉʳ mai. Il mourut le 27 août 1590.

(2) Il ne peut s'agir à cette date de Sixte V. D'ailleurs le discours fut imprimé en 1586.

premier présidant en la chambre des comptes, en a la harangue et a eu pareil employ.

Le lendemain, le pape l'envoya féliciter de son action, et luy offrit une lecture à la Sapiance avec 600 ducats d'appointements et commit deux cardinaux pour le mettre en possession. Comme il harangua, les escholiers ne gardant pas grand silence ni respect, selon leur coustume, il apostropha sur le champ les deux cardinaux sur cette insolance et représenta qu'estant accoustumé à Paris d'avoir un auditoire attantif, plain de respect, il luy seroit impossible de s'accommoder à cet usage tumultueux, qu'il recognoissoit qu'il devoit durer, puisqu'ils ne respectoient pas leur présance, partant qu'il les supplioit de faire trouver bon à Sa Sainteté qu'il luy remît la lecture et qu'il l'en iroit remercier.

Ces cardinaux, irrités de l'affront, appréhendant le blasme du pape, firent saisir les plus insolents et, sur le rapport fait à Sa Sainteté, il dit qu'il vouloit qu'ils pourrissent en prison pour le peu de respect randu à ce grand homme et qu'il trouveroit bien moyen de le récompanser.

Les parans des prisonniers estans allés demander pardon receurent mesme response et l'ayant demandé au sieur Bressieu, il allat interceder pour eux; le pape les ayant remis à sa discrétion pour en faire comme il voudroit, il les alla prandre par la main et les remit à leurs parans.

Quelques jours après, Sa Sainteté le fit intendant de la bibliothèque Vaticane et se randit sy agréable que pour luy faire plaisir, il le falloit entretenir de Bressieu, auquel jamais la porte de sa chambre ne fut refusée et il disoit souvant : « Questo huomo sa ogni cosa, per questo vogliamo farlo grando. » Aux grandes festes il luy envoyoit des grisles (?) plains de ducats pour estraine; il disoit publicquement qu'à la première promotion il le fairoit cardinal et l'un de ses principaux officiers, d'effet, plusieurs cardinaux ont asseuré despuis qu'ils avoient trouvé son nom dans ses mémoriaux, et qu'il avoit fait dessein de le faire cardinal, quoy qu'absant.

Cependant il luy donnat le prieuré de Croisil[1] en Bretaigne, de 3000 livres de rante, dont il a jouy jusques à sa mort.

Lors des guerres civiles contre Henry IV, roy de Navarre, le pape ayant envoyé une bulle d'interdiction contre les faucteurs de son party, cette bulle fut mal receue en diverses villes et fut traisnée à Bourges sur une herse par mespris, de quoy Sixte V[2] estant adverti, il fulmina contre les Françoys et commanda à tous de sortir des terres de l'Église. Bressieu luy ayant demandé s'il sortiroit, il luy respondit : « Facete quel che vorrete »; mais ayant fait 4 ou 5 pas (dans) sa chambre, il luy dit : « Vous pourez aller pour quelque temps près de Rome, pandant la fureur du peuple romain, et bientost je vous fairai rappeller. »

La République de Pérouse, proffitant l'occasion, fit prier le sr Bressieu d'accepter une chaire de philosophie pour relever un docteur aagé de 80 ans, qui le pria luy mesme de le vouloir soulager; il luy fut donné un appointement de 600 escus pandant les mouvements des guerres civiles de France.

Le pape ne laissa pas de luy continuer les appointemens d'intendant de la bibliothèque Vaticane par les mains d'une personne qui luy estoit aggréable.

Sixte V décédé[3], Clemant VIII, son successeur, luy continua mesmes appointemens présant et absant.

---

(1) M. Rochas met, avec plus de raison, Croisic, petite ville de la Loire-Inférieure.

(2) Il s'agit de Grégoire XIV et non de Sixte V.

(3) Sixte V fut remplacé, le 15 septembre 1590, par Urbain VII, mort le 27 du même mois. Grégoire XIV, élu le 5 décembre 1590, se déclara pour

La tresve faitte et la paix ensuivie, Bressieu revint en France jouir de son bénéfice du Croisil, mais le roy s'estant réconcilié à l'Église, il envoya M. le duc de Luxembourg recognoistre l'autorité de l'Église. Bressieu fut l'orateur de l'obédience en 1597 [1]. Ce pape l'embrassa avec mesme tendresse que Sixte-Quint et luy conféra en son absence jusqu'à 45000 livres d'abbayes et autres bénéfices, mais n'estant pas adverty assez à temps pour prandre possession, MM. de Longueville en obtindrent révocation à leur proffit et se dit qu'il trouveroit bien moyen de le récompanser par autre voye.

Ce mesme pape Clemant VIII, désirant aggréger saint Bonnaventure au rang des docteurs de l'Église, convocqua des députtés de toute la chrestienté et priat le roy de luy envoyer Bressieu pour faire la harangue. Estant arrivé, il trouva le pape desgoutté de cette entreprise, ayant cogneu aux discours et à la contenance de plusieurs députtés qu'ils ne porteroient point son santiment à sa canonisation, mais Bressieu luy ayant fait voir les mérites et éloges du savant dans sa harangue, il reprit courage; Bressieu harangua et s^t Bonnaventure fut aggrégé. Cette harangue est insérée au bas des œuvres de ce sainct [2].

Le grand duc de Thoscane se mariant voulut célébrer ses nopces avec esclat; il y eut concours des plus grands princes et seigneurs d'Italie; Bressieu fit la harangue en forme

---

la Ligue contre Henri IV et mourut le 15 octobre 1591. Son successeur, Innocent IX, ne tint le siège pontifical que du 29 octobre 1591 au 30 décembre. Clément VIII, élu le 30 janvier 1592, régna 13 ans. *(Art de vérifier les dates.)*

(1) Broch. in-4°, aux Archives de la Drôme.

(2) Erreur de date. La harangue a été imprimée en 1588.

d'épithalame et retira un applaudissement universel de toutte l'assamblée [1].

Estant retourné à Paris, en 1602, il voulut randre au roy sa chaire et laisser à la disputte celle de Ramus, mais MM. l'archevesque de Bourges, grand aumosnier de France, et de Rhosny, surintendant des finances, depuis duc de Sully, le conjurèrent de continuer soubs offre d'augmenter ses gaiges. Le roy mesme l'en convia par des promesses de récompense, dont il fut fort esbranlé; mais enfin il remit ses lectures, dont il avoit esté dispansé saize ans durant pour services randus au roy, au public, aux ambassadeurs, et en qualité d'agent secret en cour de Rome; il se retira en sa maison paternelle en Daulphiné, et vit encor sa bonne mère aagée de 80 ans, laquelle décéda six mois après.

En 1605, le s^r Bressieu allant en Bretaigne passat par Paris; il aprit que par la mort de Clemant VIII [2] Grégoire... [3] luy avoit succédé, que la commission de l'ambassade de l'obédiance avoit esté donnée à M^r le duc de Sully et qu'un abbé avoit esté fait orateur, et comme MM. les ministres le virent, notament M. de Villeroy, secrétaire d'Estat, ils luy firent plainte de ce qu'il ne faisoit pas sçavoir où il résidoit, qu'ils avoient esté constraints de donner la commission d'orateur au grand regret du roy et de toutte la cour, estans bien asseuré de sa capacité et ne cognoissant point cet abbé.

Le pape n'ayant vescu que dix jours, Paul V (Bourghese) fut installé en sa place; M. le duc de Nevers fut envoyé en

---

(1) M. Rochas date la pièce de 1599.

(2) Clément VIII mourut le 3 ou le 5 mars 1605. Léon XI lui succéda le 1er avril 1605 et mourut le 27 du même mois. Paul V (Camille Borghèse), élu le 16 mai 1605, mourut le 28 janvier 1621, après 15 ans, 8 mois et 13 jours de pontificat. *(Art de vérifier les dates.)*

(3) Erreur. C'est Léon XI.

qualité d'ambassadeur, l'abbé rejetté et Bressieu destiné pour orateur.

Sur le point du voyage, estant survenu quelque trouble dans l'Estat, du costé de Guyenne, le roy fut obligé de se mettre en campagne; M. de Nevers se retira en son gouvernement de Champagne; ce qui différa le voyage trois années jusques en septembre 1608.

Bressieu fut commandé dès le moys de juin d'aller attendre M^r le duc de Nevers à Rome, ce qu'il fit en compagnie de M. de Brèves, ambassadeur ordinaire, et dès le lendemain de son arrivée le pape Paul V luy envoya son maistre d'hostel avec deux estaphiers luy porter la part du pain et du vin, comme aux cardinaux, avec de grandes offres de ses affections.

M. le duc de Nevers arrivé, ce fut la plus solemnelle ambassade qui eut jamais esté veue dans Rome et l'harangue de Bressieu pleut si fort au pape qu'il l'envoya remercier par son secrétaire de bréviature ou de cabinet, qui luy offrit tous les appointemens qu'il désireroit, s'il vouloit s'attacher à sa personne, et cepandant luy fit presant d'une pention de 200 ducats d'or.

Sur la fin de mars 1609, le s^r Bressieu print congé du pape, vint en Daulphiné, trassa les fondemens d'une maison au lieu de la paternelle et estant allé à Paris, le roy l'embrassa avec tendresse, se plaignit à luy de ce qu'il ne luy avoit jamais demandé récompanse et qu'il en avoit fait à plusieurs qui ne méritoient rien d'aprochant, et qu'il vouloit que la première chose qui viendroit à vacquer, digne de luy, qu'il l'en fit souvenir, que rien ne luy seroit refusé.

Estant donc de retour de Bretaigne, environ la fin d'avril 1610, en intantion de se prévaloir des bontés de Sa Majesté, ses espérances se trouvèrent touttes ensevelies par le funeste parricide arrivé en la personne de S. M.

S'estant donc retiré à S¹ Jean Chépie pour poursuivre son bastimant, il retourna à Rome, en 1613, pour ramasser quelques facultés qu'il y avoit laissé, afin de passer le reste de ses jours dans une vie plus pure, destachée d'embarras et purgée d'avarice et d'ambition.

Il choisit le s¹ des Isles, gentilhomme breton, pour son héritier, le génie duquel estoit conforme à son esprit, lequel il avoit eslevé comme son enfant, luy ayant esté donné par ses parans, l'ayant accompagné durant quinze ans, en ses deux derniers voyages de Rome et ailleurs, auquel il donna avec ses biens sa nièce en mariage, estant décedé le 15 juin 1617, avec des grands sentimans d'un bon chrestien et un raisonnement solide jusqu'à l'agonie.

Son corps fut inhumé dans l'église de S¹ Jan Chépie, ruynée par les hostilités des huguenots, laquelle a esté réédifiée par le sieur des Isles.

Ainsy mourut ce grand homme, après avoir consulté tant de docteurs, feuilleté leurs livres, souffert tant de travaux, esvitté tant d'accidans, fait tant de voyages, caressé des grands, respecté des petits et aymé de tous.

Il a fait beaucoup d'harangues, imprimées à Paris, à Rome et autres lieux; il a fait un livre intitulé *Metrices astronomicæ,* fort estimé des mathématiciens; il a laissé quantité de manuscrits au pouvoir du s¹ de Merez, maitre ordinaire en la chambre des comptes du Daulphiné, gendre du sieur des Isles [1].

M. de Thou en parle avec éloge et mesme le Père Gaultier en sa chronologie du XVIIᵉ siècle, en la colonne des escrivains prophanes, p. 599.

---

(1) Manuscrits perdus sans doute.